Lina Chelli

Vibrations

Kabbalistiques

Nouvelle édition augmentée

Du même auteur :

Vibrations Maçonniques 3, 5, 7…et plus…et
autres
L'Anneau de Dieu
Fumées
Sexe Amour et Poésies
Esther magnétiseuse
I.R.N.I. Une Voie de Lumière
Bon Voyage Fred, Vibrations de l'au-delà
Amour Fantasme et Libertinage

Pour joindre l'auteur :
linachelli@laposte.net
linachelli@yahoo.com
Tél: 06 16 08 02 52

Dépôt légal : mai 2025

L'auteur ne prétend pas exprimer toute la richesse ni même la magie de l'Arbre des Sephirot et des lettres hébraïques.

Ce recueil est le fruit d'un long travail intérieur qui a muri peu à peu pour pouvoir en extraire toute sa quintessence. Ce n'est qu'un autre regard, une autre vision, une humble approche, juste des acrostiches...

Kether
כתר
1

Binah
בינה
3

Chokhmah
חכמה
2

Daath
דעת

Geburah
גבורה
5

Chesed
חסד
4

Tiphareth
תפארת
6

Hod
הוד
8

Netzach
נצח
7

Yesod
יסוד
9

Malkuth
מלכות
10

L'arbre des Sephiroth

Le champ de la conscience est une interaction

Amplifiant du divin la Force en expansion,

Réalité perçue, c'est l'Éclair fulgurant,

Beauté de l'étincelle exprimée du Big Bang.

Reflet de l'Énergie primordiale incréée,

Elle est la voie d'accès du Principe incarné.

D'un système complexe aux traits complémentaires,

Équilibre inversé du ciel avec la terre,

S'exalte l'unité de l'Être de Lumière.

Sphère où l'émanation du Verbe originel

Exprime en sa substance un Amour éternel,

Pouvoir manifesté que la Sagesse éclaire,

Humaine progression vers l'absolu mystère,

Infinie du fini, c'est l'Ombre en la Lumière,

Recelant de la vie l'élévation suprême,

Où la lettre sacrée, dans sa forme première,

Tout en se contenant, s'inclut en elle-même,

Harmonise l'esprit de l'âme en la matière.

כתר

Kether

Kabbaliste, il te faut rejoindre la Lumière

Et par l'Arbre de vie l'Énergie de matière

Toute l'interaction qui régit l'Univers

Harmonise de l'Un la semence première

En un saint tourbillon qui couronne un mystère

Révélant l'étincelle incarnée en Kether

חכמה

Chokmah

C'est un élan premier, le flux inexorable,

Hébergeant en son point la Sagesse ineffable

Où va se déverser sa manne énergétique,

Kyrielle conception et Force analogique

Mue d'un ultime état, première dimension,

Avant que d'incarner la totale fusion,

Harmonisant de D.ieu la Conscience Cosmique.

בינה

Binah

Beauté du féminin dans son ambigüité,

Incarnant de la mère une polarité,

Naissance et finitude en sa dualité,

Apparaît avec elle une autre dimension,

Harmonisant du temps la vraie compréhension.

גדולה חסד

Chesed

C'est la miséricorde, amour et bienveillance,

Harmonie du carré, elle est l'intelligence,

Elle est un réceptacle en sa pérennité,

Synthèse de l'humain dans son infinité

Et du Triangle éthique, en elle, alimenté,

Des principes de l'ordre, elle est continuité.

די׳ן גבורה

Geburah

Grande est sa destruction et sa sévérité

Elle est discriminante en sa complexité

Bien souvent c'est le mal qui lui est associé

Un principe essentiel qui sert de balancier

Répond d'un équilibre indispensable au monde

Apparence de l'Être elle est le feu qui gronde

Hébergeant d'une action le jugement dernier

תפארת

Tiphereth

Transmission médiatrice en son intelligence

Inspirant par son point l'union des influences

Par la transmutation des énergies cosmiques

Harmonisant d'un feu l'ordre Kabbalistique

En un centre de vie qui brille en permanence

Rejoignant de tous lieux la réciprocité

En un cœur qui grandit un état de conscience

Transforme et sacrifie la matérialité

Hégémonie de l'œuvre elle en est la Beauté

נצח

Netza'h

Nécessaire confiance en son élan mystique,

Enthousiasme et ferveur, sa magie extatique

Triomphe de l'objet par sa compréhension,

Zénith et apogée, sphère de l'émotion,

Amour et transcendance, elle est en expansion,

Héberge de la Foi la victoire en action.

הוד

Hod

Huitième sephira, son savoir maîtrisé

Ouvre de l'analyse le sens et le secret

De la mémoire du monde à sa Gloire associés

יסוד

Yesod

Yvoir dans son union des images, des plans,

Et le fleuve de vie dans son esquisse pure,

Sculptant toute matière, elle est le fondement,

Où la chose s'incarne en complexe moulure,

Dans son intégrité d'un cycle purifiant.

מלכות

Malkuth

Mystérieux réceptacle, elle est notre univers,

Au seuil de notre mort, la force de l'Éclair,

Le Royaume de D.ieu, la Parole première,

Kether s'est déployé, sur elle sa Lumière

Unifie l'énergie créée par l'Éternel,

Toutes formes et corps sont Esprit de matière

Héritière du Verbe en son aspect charnel.

דעת

Daath

D'une autre dimension, c'est la porte à ouvrir,

Abysse du Royaume et de la Connaissance,

Abîme qu'il faut vaincre en son intelligence,

Tout le savoir est là, c'est l'œil du devenir,

Hors de l'espace-temps, c'est un vide à remplir.

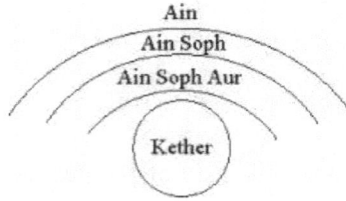

Ain
Ain Soph
Ain Soph Aur

Kether

Ain Soph Aur

Au-delà de Kether, l'Absolu du néant

Illumine de D.ieu la manifestation,

Naissance de la vie et de la création,

Source de l'Énergie, où l'infiniment grand

Ouvre du microcosme un espace sans fin

Perpétrant de la vie l'Unité du divin,

Harmonisant du Tout l'étincelle de l'Un,

Amour, Sagesse et Force expriment sa Beauté,

Unissent de l'action la Lumière immuable,

Réalité du Verbe en sa forme ineffable

La Géométrie Sacrée

La science inexpliquée de toute création

A de nombreuses lois qui sont en connexion,

Genèse d'un langage, où la réalité

Est du Verbe l'essence en son infinité,

Où tout dans l'Univers, à tout est relié,

Matrice primordiale, elle est la fluidité,

Elle est du point zéro la parfaite entité

Transcendant de la croix l'Esprit de Vérité,

Rythmant de l'harmonie toutes les vibrations,

Imprégnant de la vie sa force en expansion

Elle est son unité, sa continuation,

Son éternel secret, et c'est le mouvement

Alimentant la fin par le commencement,

C'est l'énergie divine animant la matière,

Réceptacle du cœur d'où jaillit la Lumière,

Et c'est peut-être enfin de l'Univers la clé,

Exprimée par ces mots Géométrie Sacrée.

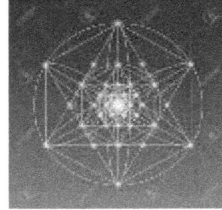

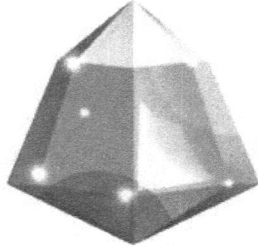

La Pierre

L'équilibre parfait qui unit la matière

Avec un pur esprit, sa substance première,

Pour obtenir de lui l'essence recréée,

Initiale de l'Être en son infinité,

En sa forme harmonieuse et son immensité,

Rejoint de l'Univers toute la fluidité,

Rétablit de tout corps son âme de Lumière,

Et révèle au cherchant le joyau de sa Pierre.

Lettres
Hébraïques

Aleph

Au-delà du chaos, de la désolation,

L'Éternel t'a choisi pour être le jour Un,

Être au commencement et contenir sa fin,

Pour ton enseignement, signer la création,

Humilité du Verbe en son souffle divin.

Beth

Béni sois-tu mon D.ieu qui créa la Lumière

Et m'as choisi pour être en toi le fondement

Ta demeure ineffable au cœur de la matière

Havre et source de l'œuvre unifiant tes enfants

ג

Guimel

Générant d'un canal la voix de la Lumière

Universelle source et manne hospitalière

Infinie de l'Amour qui engendra la Terre

Matrice généreuse elle est un don du Père

Et de Sa vibration la féconde énergie

L'Esprit de l'Univers qui émana la vie.

Daleth

De cette porte étroite où renaîtra l'humain

Après dépouillement de tout son être ancien

Le pauvre connaîtra le royaume des cieux

Et entrera debout dans la maison de D.ieu

Trouvera dans son cœur l'union des énergies

Harmonie de son âme en son analogie.

He

Homme laisse la vie circuler librement

En sa lettre unifiée elle est le mouvement

ז

Vav

Verticale Énergie, ton pivot essentiel

Au pouvoir créateur est l'axe universel,

Vivant crochet d'union de l'âme et du charnel.

ז

Zayin

Zayin tu es l'épée, l'âme qui doit grandir,

Au-delà de la porte, équilibre et droiture

Y doivent de ce cercle avoir le souvenir,

Il faut que du vécu, la conscience future

N'oublie jamais qu'elle est aussi son devenir.

Het

Hauteur de la conscience afin que la barrière

Entrouvre le chemin qui mène à la Lumière

Triomphe de la vie qu'il faut qu'elle conquière

Tet

Tout le bien réservé pour le monde à venir

Est là, caché en toi, pour ne pas éblouir

Trop tôt les yeux naissants qui vont te découvrir.

Yod

Yod, le point de départ d'une infinie Lumière

Où la main qui agit est germe de matière

Dans l'expression du Un, mystère des mystères.

Kaph

Kaph, au creux de ta paume, un chemin de Lumière

A reçu de ta main l'offrande de matière

Pour rejoindre avec toi le Soleil qui t'éclaire,

Harmonie d'un Royaume au règne nécessaire.

Lamed

L'aiguillon de l'amour élève la conscience

Apprend à libérer l'Esprit de connaissance

Monte et jaillit de l'âme, énergie de silence,

Évoque avec sa Force un éclair fulgurant

De la Grâce de D.ieu par son enseignement.

Mem

Matrice de la vie au ventre généreux

Eau vive retrouvée pour tout le peuple hébreu

Mère de Vérité pour les enfants de D.ieu.

Noun

Nourriture divine au sein des profondeurs

Où le poisson accroît la manne de son cœur

Universel canal de la source de vie

Naissance et renaissance où l'être s'accomplit

Samech

Sur moi viens te poser, je vais te relever,

Appuie-toi sur mon Sceau, car il va te sauver,

Mon Étoile sacrée rallumera ta flamme,

En mon espace clos, bouclier de Lumière,

Ce sera l'arc-en-ciel du repos de ton âme,

Havre d'amour et paix de l'Unité première.

Ayin

Au milieu de ton front, la porte peut s'ouvrir,

Y voir de la conscience un autre devenir,

Il est le troisième œil du silence intérieur,

Nourri par la Lumière irradiée de son cœur.

Pé

Par ta bouche émané, le Verbe créateur,

En une vibration, parle à son intérieur

Tsadé

Tu es l'homme en prière et ton harpon divin

Saura me reconnaître et me chercher sans fin

Adam et Ève en toi retrouvent l'Unité

Dans leur dualité par le Verbe créée

Elle est un hameçon qui va les rassembler

Qof

Que ton corps de Lumière éveille ta conscience

Ouvre le chas d'aiguille à la vraie connaissance

Franchisse avec sagesse un lieu de délivrance

Resh

Rien ici-bas jamais ne peut t'appartenir,

Et si tout t'est donné tu ne peux détenir

Sans que ta tête enfin regarde l'avenir,

Homme retourne-toi, accepte de grandir !

Shin

Si son brasier ardent vient fortifier ton âme

Honore de ton D.ieu son éternelle flamme

Il est le mouvement, la machine à broyer

Nourrissant de l'esprit sa matière unifiée

Tav

Trouve son signe en toi, son unité première

Affranchis de ton corps ton âme de matière

Va vers la Vérité et rejoins la Lumière

עמלקיה
5 10 100 30 40 70

הילרי
10 200 30 10 5

קלינטון
50 6 9 60 10 30 100

La Guematria

La méthode aboutie d'exégèse biblique,

Afin d'interpréter les lettres hébraïques,

Génère une valeur sacrée et numérique,

Une interconnexion des nombres et des mots,

Entre leurs sens cachés et leurs aspects nouveaux,

Mettant en parallèle une même mesure

Associée à une autre, en une infinité

Talmudique d'actions, transformant la lecture

Relative d'un Texte et c'est la faculté

Intime de trouver une divine essence

Accroissant Sa Lumière avec Sa connaissance

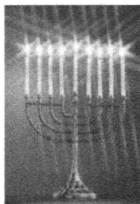

La Menorah

La création de l'homme à l'image du ciel

Au centre d'un système où brille le Soleil

Manifeste de D.ieu la flamme consacrée

Émanant Sa Lumière en un arbre sacré

Noyau de Sa présence en notre humanité

Où les enfants d'Hachem dans leur judéité

Reconnaissent en lui leur propre identité

Attribuent cet emblème au peuple tout entier

Héritier d'un symbole Esprit du Chandelier

La Ketouba

Le jour de notre union est enfin arrivé,

Avec ce document que tu vas conserver,

Kala, tendre moitié, je m'engage pour toi,

Et grâce à cet anneau que je passe à ton doigt,

Toute ma protection et mes obligations

Orienteront toujours le but de mes actions,

Un contrat de mariage en atteste la foi,

Bâtit tout notre amour, et devant l'Éternel

Accomplit de Moïse une loi d'Israël.

L'intention

La source universelle est présente en chacun,

Il suffit d'y puiser l'Énergie du Divin,

Nécessaire instrument de la pleine conscience,

Toute sa création régit notre existence,

Et la motivation dirige son action,

Nous donne le pouvoir d'en faire l'ascension,

Tendre vers un projet, vers une direction,

Implique de l'esprit sa détermination,

Ouvrir de sa pensée sa réalisation,

Ne peut que donner vie au but de l'intention.

Le Deutéronome

L'Éternel est ton D.ieu, car l'Éternel est Un

Écoute Ô Israël les paroles sacrées

De Moïse devant la rive du Jourdain

Entends tous ses discours pour que la transmission

Ultime de ses mots en toi viennent s'ancrer

Témoignent à jamais de la parfaite alliance

Entre ton peuple et D.ieu que Ses bénédictions

Renouvellent ta foi ton serment d'allégeance

Obéis Israël crains Ses malédictions

Nourris-toi de ce livre et ses commandements

Oeuvre à les respecter devant D.ieu et les hommes

Mêles-y dans Sa voix celle de tes enfants

Et imprègne-les tous de ton Deutéronome

Le Golem

L'Adam inachevé, c'est l'embryon informe

Et l'Être à l'état pur, fait d'argile et de forme

Grossière et sans esprit, l'ébauche de matière

Originelle où D.ieu insuffla la Lumière,

Le mot qui sur son front inscrit la Vérité

Est celui qui le rend à son éternité,

Mémoire d'un abîme en sa lettre creusé.

Le Sepher Yetsirah

La Sagesse encodée dans ce texte sacré

Est, par sa profondeur, du mystère la clé.

Sa Lumière décrit la formation du Monde,

En mêlant tour à tour, dans Sa source féconde,

Par un concept majeur, les dix Nombres abîme

Hébergeant en leur sein les Lettres hébraïques,

En trente-deux sentiers d'un Principe mystique

Recelant l'Origine en sa Grâce sublime.

Y rechercher le sens, c'est, vers la Vérité,

Entamer un chemin qui mène à l'Unité,

Trouver, au fond de soi, son Univers entier,

Son Harmonie parfaite, et, se l'approprier.

Il est l'ouvrage ancien de notre enseignement,

Réceptacle divin de la Cause première,

À la fois par Sa forme et surtout, Sa matière,

Humaine perception de Son commencement.

Le Talmud

Les actes de la vie sont réglés par des lois

Et la Mishna écrite explique leurs emplois

Tous les enseignements et les bénédictions

Abordés dans ce livre et toutes les questions

Liées au judaïsme ont une dimension

Mêlant la dialectique à leur compréhension

Universelle étude il est la conception

De la Torah orale et c'est sa Transmission

La Torah

L'enseignement, les lois dictées par l'Éternel,

Á Moïse ont transmis le Verbe originel,

Tous les commandements, toutes les prescriptions,

Ordonnés par Hachem aux enfants d'Israël,

Reflètent du divin sa manifestation,

Au-delà de ses mots, la Voix de l'incréé

Héberge un sens caché dans ses lettres sacrées.

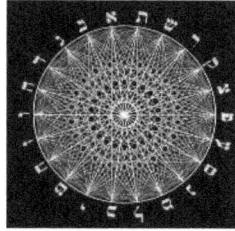

Le Tserouf

L'enveloppe d'un mot, son intériorité,

Est la source du Verbe en son infinité,

Transcender de sa lettre, une autre, à étudier,

Sur le fond et la forme en découvrir la clef,

En reliant son âme à celle déployée,

Révélée par l'envol de tout son sens caché,

Ouvrir de sa puissance une divine essence,

Un souffle d'énergie, c'est, vers la connaissance,

Fusionner de l'extase une libre conscience.

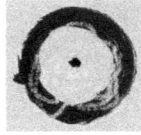

Le Tsimtsoum

La contraction de D.ieu, sa dissimulation,

Est ce qui a permis aux mondes d'exister,

Toute Son Unité, Sa manifestation,

S'est exprimée avec une réalité

Initiale extérieure à Son infinité,

Mais ce vide créé par Sa divine absence

Traduit encor bien plus celle de Sa présence,

Sa place et Sa Lumière, et Sa Bénédiction

Ouvre Sa transcendance en Sa contradiction :

Une concentration dans une vacuité

Matérielle d'un point qui va se déployer.

L'Exode

La longue traversée, l'errance des hébreux,

Évadés d'un pays, devenu envers eux

Xénophobe et jaloux, est une rédemption

Offert par l'Éternel à toute une nation,

D'une Alliance sacrée, elle est l'avènement

Éclairé par Sa loi et Ses commandements.

L'Échelle de Jacob

L'élévation de l'homme est un chemin graduel,

Étapes d'un exil, un pont ascensionnel,

C'est, de la connaissance, un lien intemporel,

Harmonie de ce Don offert par l'Éternel

En l'alliance sacrée de la terre et du Ciel,

Le monde transcendant de l'esprit et du cœur

L'attend à son sommet, son pic immatériel,

Elle est la voie d'accès qui mène au créateur.

Droite, érigée debout, une Échelle s'élève,

Elle est de la prière un saint Temple du rêve,

Jacob y voit monter, puis descendre vers lui,

Á la porte du ciel, des anges dans la nuit,

Cette Voie de Lumière enseigne un mouvement,

Où même la poussière atteint le firmament,

Bâtit d'un idéal son accomplissement.

La Brit Milah

Le pacte d'Abraham et de sa descendance,

Absolu et sacré pour tout le peuple hébreu,

Basé sur le respect du signe de l'alliance,

Révélé par un lien qui le relie à D.ieu,

Impacte dans sa chair chaque enfant d'Israël,

Tout au long de sa vie, il sera éternel,

Marquera dans son corps sa sanctification,

Il est l'âme de l'être, il est sa finition,

L'indéfectible sceau de sa Révélation,

Au centre de son cœur, il est sa perfection

Humaine et achevée par sa circoncision.

אנכי יי לא תרצח
לא יהיה לא תנאף
לא תשא לא תגנב
זכור את לא תענה
כבד את לא תחמד

Les Dix Commandements

L'Éternel est ton D.ieu, car je t'ai fait sortir

Et je t'ai délivré de toute servitude,

Sur les eaux et le ciel tu ne dois point bâtir

D'autre idole ou image, en toute latitude

Il ne peut y avoir d'autre D.ieu devant toi,

X idoles sur terre, au-dessous de la terre,

Car c'est moi l'Éternel, ton D.ieu, un D.ieu jaloux,

Obéis à mes lois, et crains que Mon courroux

Marque sur tes enfants ta faute héréditaire,

Mais si tu obéis, toute Ma Bienveillance

Accomplira sur eux une divine Alliance,

N'évoque surtout pas le nom de D.ieu en vain,

Du Shabbat sanctifié, accomplis l'observance,

Et honore toujours et ton père et ta mère,

Mais surtout, souviens-toi que tu ne tueras point,

Et que tu ne dois pas commettre l'adultère,

Ni voler, ni mentir par un faux témoignage,

Tu ne devras jamais convoiter ton prochain,

Si tu veux dans ton cœur retrouver Mon message.

La Shekinah

L'apparition céleste et visible de D.ieu

A guidé autrefois le peuple des Hébreux,

Sa Gloire est prophétique, et son avènement,

Havre de l'Harmonie, par son rayonnement

Est le Temple vivant de l'Unité première,

Kabbalistique Force, il est le sanctuaire

Incarné de Hachem. Son infinie Lumière

Ne nous quitte jamais, depuis des millénaires,

Avec nous et en nous, Sa présence est bien là,

Habite notre cœur avec la Shekinah.

Les Nombres

La parole de D.ieu, dans sa divine essence,

Éclaire un peuple élu dans toute sa puissance,

Son sens est un message, et, plus que symbolique,

Nous enseigne comment, sa forme guématrique

Ouvre par sa richesse une vraie connaissance,

Magnifie de l'Esprit toute la clairvoyance,

Baigne de sa Lumière une période sombre,

Recensant en détail les tribus d'Israël,

En comptant, recomptant, les Lois de l'Éternel

Sont un gage d'Amour qu'Il scelle par les Nombres.

Le Lévitique

Les préceptes moraux de purification

Et tous les rituels, toutes les prescriptions,

Le code rigoureux, chaque commandement

Énoncé par Moïse est un enseignement

Voulu par l'Éternel, il faut que ses enfants

Imprègnent dans leur âme une vraie communion

Totale avec leur D.ieu et qu'inlassablement

Ils suivent de Ses lois toute la pureté,

Que leur vie à présent soit réglée par l'éthique

Unifiant dans l'Amour toute Sa sainteté,

En ce lieu de rencontre, Esprit du Lévitique

Les Téfilines

L'être humain accompli doit être cohérent

Et faire ce qu'il pense et penser ce qu'il fait,

Sa mitsva quotidienne est source de bienfaits,

Tout au long de sa vie, c'est un commandement,

Et c'est un texte écrit qu'il grave dans son cœur,

Fixer au creux du bras un cube de cuir noir,

Incliné quelque peu, tourné vers l'intérieur,

Le lacer de sept tours, avant de bien avoir

Insérer la lanière autour de son majeur,

Nouer l'autre boitier au front, sur les cheveux,

En la base du crâne au milieu de ses yeux,

Symbolise le lien qui le relie à D.ieu.

Les Téhilim

La parole d'Hachem, qui remplit notre cœur,

Est celle qu'il faut lire avec grande ferveur,

Sa Force et Sa puissance incarne la Lumière

Transmise par David aux enfants d'Israël,

Elle est la prophétie la voix de l'Éternel,

Hymnes et chants de Foi, des psaumes de prières

Illuminant notre âme et notre vie entière,

Leur lecture est sacrée, car tout le peuple hébreu

Incarne avec sa bouche une alliance avec D.ieu,

Miracle de l'amour qui va combler ses vœux.

HanouKa

Huile d'olives pure et miracle d'espoir

Abreuvant de Lumière un divin encensoir

Nourrissant du saint Temple une Grâce de D.ieu

Où les forts sont livrés aux mains des moins nombreux

Une fête de joie pour tout le peuple hébreu

Kislev sera le mois où va s'illuminer

Avec la Menorah huit des saintes journées

Le Shabbat

L'instant durant lequel il faut se ressourcer

Est celui du repos que D.ieu a sanctifié

Souviens-toi de ce jour afin de profiter

Hors de l'espace-temps d'entrer en sainteté

Aucun travail ne doit être réalisé

Bénis de ce plaisir toute la plénitude

Bienfaisante pour l'âme et avec gratitude

Accepte du kiddouch une mystique alliance

Ton bonheur et ta Joie seront ta récompense.

Le Talith

La Vision d'une frange au bord d'un vêtement

Est plus qu'un souvenir des saints commandements,

Tant, par son infinie Lumière qui descend

Á l'intérieur du corps, que par son existence,

Le châle que l'on porte est D.ieu que l'on ressent,

Il est une fraction de toute Sa présence,

Toujours dans notre cœur, il est la protection

Harmonisant de l'âme une vraie communion.

Roch Hachana

Recueillement, sagesse, en ce long jour de fête

Où le son du Chofar éclaire la prière,

C'est le commencement, c'est de l'année la tête,

Hégémonie céleste où règne la Lumière,

Homme, c'est le moment de jeter tes péchés

Au fond des profondeurs de la mer, si tu veux

Comme une humble brebis te présenter à D.ieu,

Honore l'Éternel et va le rechercher

Á l'intérieur de toi pour affirmer tes vœux,

Nourris-toi de la pomme et du miel en ton cœur,

Afin que sa douceur t'offre joie et bonheur.

La Genèse

L'origine du monde est le commencement,

Au-delà du chaos, de tous les éléments

Générés par la voix, l'émanation de D.ieu,

Et c'est, d'un plan divin, la source des écrits

Narrant la création de la Terre et des Cieux,

Essence primordiale infinie de l'Esprit,

Sur le règne animal, elle éleva l'humain,

Et il y eut un soir, il y eut un matin.

La Kabbale

La voie de connaissance est un chemin mystique

Ascensionnel en soi un retour en arrière

Kabbalistique source où règne la Lumière

Á l'intérieur du Verbe en sa forme cosmique

Béatitude union de l'âme originelle

Bondissant de son corps pour se fondre avec celle

Abritant de l'Esprit la manifestation

L'inaccessible flux de Son émanation

En recevant de Lui Sa sainte connexion

La Mitsva

L'acte essentiel de faire est un commandement,

Avant tout c'est un lien par son enseignement,

Mais c'est bien plus qu'un but, c'est une fin en soi,

Il offre au peuple hébreu qui s'attache à ses lois

Tout le bien créateur qui à D.ieu le relie,

Sa précieuse Lumière en éclairant sa vie

Vers la source d'amour où seront réunis

Âme et corps avec Lui, en parfaite harmonie.

Chavouot

Chaque jour est un jour qui rappelle ce jour,

Habite l'âme juive et marque son essence,

Affirme et réaffirme un serment de l'Alliance

Voulue par l'Éternel, un mariage d'amour

Offert par la Torah, c'est pour cette nation,

Un cadeau, c'est le Don, mais son acceptation

Oblige ses enfants d'en être les garants,

Toujours d'en observer tous ses commandements.

פסח כשר ושמח !!

Pessah

Pour être prémunis d'un terrible fléau,

Et pour que la mort passe au-dessus de leurs toits,

Saute leurs premiers-nés, les hébreux autrefois

Se sont tous protégés par le sang de l'agneau

Apposé avec soin et mis sur les linteaux,

Honorant par cet acte un signe de leur foi.

Pourim

Pour déjouer les plans, le complot maléfique

Ourdi par le méchant, Haman le diabolique,

Une Reine se dresse, et d'un peuple sans droit

Retourne de son sort la volonté d'un roi,

Intervient, pour contrer d'une extermination

Massive tous les siens et sauver sa nation.

La Merkabah

Le lien entre le ciel, le corps énergétique,

Avec celui de l'âme en sa forme éthérique,

Mystique élévateur de toute transcendance,

Est l'énergie créée par la divine essence

Reliant d'un esprit la magique ascension,

Kabbalistique char, c'est la contemplation

Activant de l'Étoile une autre dimension,

Bouclier de Lumière en sa polarité,

Affranchissant l'humain de sa réalité,

Harmonisant son double avec son entité.

Ein Sof - Lumière infinie de D-ieu

Dix Sephirot encerclantes

Ein Sof - Lumière infinie de D-ieu

Ein Sof - Lumière infinie de D-ieu

Ein Sof - Lumière infinie de D-ieu

La brisure des vases

Le retrait de lui-même en lui-même de D.ieu

A permis de créer le monde en devenir,

Berceau de l'infini, un rayon lumineux

Réintégra le vide, et pour le contenir,

Il se mua matière en les dix réceptacles,

Sephiroth accueillant la Lumière divine,

Une Force-Énergie accomplit ce miracle,

Remplissant cet espace et son lieu d'origine

En une seule droite et même direction,

Du choc de cet impact surgit la création,

Et des yeux de l'Adam, soudain atomisés,

Séparés en fragments, les récipients brisés

Venaient de libérer la Lumière émanée,

Alors jusqu'à sa source elle fut ramenée,

Son exil est ailleurs, c'est de l'autre côté,

Étincelle tombée, d'une écorce entourée,

Si l'homme peut l'atteindre, il peut tout réparer.

Le Saint des saints

La demeure de D.ieu, Sa Cité sur la terre,

Est le cœur harmonieux d'où jaillit Sa Lumière.

Sans dimension réelle, elle est la Transcendance,

Alimentant de l'Arche une divine Alliance,

Incarnant l'Éternel dans Sa pleine puissance,

Nourrissant l'Énergie, elle est Sa quintessence,

Temple intérieur de l'âme, elle en est la substance.

De leurs ailes couvrant le Cube originel,

Éclairés par tout l'or du feu intemporel,

Ses deux grands Chérubins du char universel

Se dressent sous le trône, où d'un voile caché,

Au-dessus du Naos s'en devine l'accès,

Imprégnant de leur bruit La Voix de l'Incréé,

Ne s'élève sur eux que l'Amour en La Main

Tendue par l'Éternel vers tout le genre humain,

Scellant le plan sacré avec le Saint des saints.

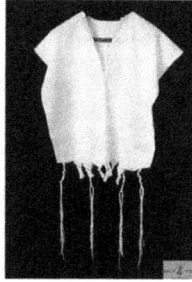

Le Tsitsit

Les franges façonnées au coin d'un vêtement,

Et que l'on doit laisser pendre visiblement,

Tous ses fils enroulés sont des nombres précis,

Suivant de chaque lettre un calcul très savant,

Ils sont, de la Torah, tous les Commandements

Trouvés dans la Lumière où le Nom est écrit,

Symbolisent de l'Un toute la Royauté

Infinie du sans fin, rejoignant le fini

Tangible de l'Amour, de D.ieu manifesté.

Le tiqoun

La réintégration au Tout originel

Est, pour le peuple juif, un chemin graduel,

Tout dépendra de lui, de son évolution,

Il est, de son exil, l'étincelle en action

Qui doit de son écorce enfin se séparer,

Ôter de sa brisure une âme libérée,

Unir et rétablir l'état de rédemption

Nécessaire au succès de sa réparation.

Shalom

Sérénité, Santé, Joie et prospérité

Humilité, patience, afin de rectifier,

Á l'intérieur de soi, tout ce qui est brisé,

Le restaurer, combler, dans son entièreté,

Ombre avec la Lumière enfin réconciliée

Miracle de l'Amour et de Paix retrouvée.

La Source

L'eau qui revivifie, celle qui désaltère,

Abreuve d'un chemin le besoin intérieur,

Soulage et purifie les blessures du cœur,

Oxygène la vie, efface et régénère

Un désert où toute âme est perdue dans sa course,

Redonne enfin l'espoir, cette eau-là est Lumière,

C'est celle qui du voile a franchi la barrière

Et qui, de l'Esprit saint, en exalte la Source.

Israël

Il est plus qu'un Pays, c'est la Terre de D.ieu

Sur son sol tous les Juifs seront toujours chez eux

Retrouveront enfin tous ceux que l'Éternel

A dispersés dans l'autre extrémité du ciel

Et qu'il a rassemblés au lieu originel,

L'État qu'il a donné aux enfants d'Israël.

Le Zohar

Les dix nombres abîme et les dix dimensions,

Extensions infinies qui sont en connexion,

Zénith de l'Univers où D.ieu s'est étendu,

Ont pour les protéger un corps, un vêtement,

Habillant de leur âme un sens bien différent,

Afin que son secret unique et inconnu

Révèle la Splendeur du D.ieu qui l'a conçue.

Le Tétragramme

יהוה

L'infini de l'Essence, où se dévoile l'Être,

Est un mot ineffable en quatre de Ses Lettres,

Toute sa Force évoque une autre dimension

Exprimée par un point, qui, par son explosion,

Traduit un mouvement qui revient sur lui-même,

Révélation d'un Nom, réalité suprême,

Au pouvoir déployé d'un trou dans le langage,

Générant du silence une parfaite image,

Recelant dans Sa Voix celle de l'Incréé

Auquel, par Sa présence, un nombre est incarné,

Mêlant son énergie à celle de son âme,

Matière de Lumière où va se dessiner,

En Ses Lettres sacrées, celles du Tétragramme

שַׁדַּי

Shaddaï

Si tu t'es retiré, si tu t'es rétracté,

Hors de notre Univers, pour qu'il puisse exister,

Alors, cela suffit, surtout ne reviens pas,

Désormais ta Lumière, en son infinité,

Accomplit tes actions, car, par ta volonté,

Ici-bas nous avons, par toi, été créés.

Souccot

Sept jours pour observer le temps de notre Joie,

Où l'on doit célébrer, lors du septième mois,

Une Joie matérielle et une Joie physique,

C'est du pays promis la maison symbolique,

C'est de l'Amour de D.ieu la fête prophétique,

Où l'oubli de soi-même éclaire Sa présence,

Trouve et puise en Sa source une vraie délivrance.

Yom Kippour

Y a-t-il un seul jour qui soit plus important

Ou même plus sacré, que ce jour, une fois l'an,

Marquant du nom de D.ieu sa Glorification ?

Kippour est celui-là, celui de l'expiation,

Il est pour tous les Juifs le Jour du Grand Pardon,

Période de repos et de l'introspection,

Par un jeûne complet, il purifie l'action

Où la prière est lue en grande dévotion,

Un jour de rédemption et d'Amour infini

Réécrivant chaque âme au Livre de la vie.

La Joie

Le vrai sens de la vie, c'est le pouvoir divin

Augmentant la Lumière insufflée à l'humain,

Jusqu'à l'en submerger par sa source d'Amour,

Ou bien l'en imprégner un peu plus chaque jour,

Il est l'achèvement du bonheur d'être soi

En l'accomplissement de l'âme avec la Joie.

Table des Matières

.

www.ingramcontent.com/pod-product-compliance
Lightning Source LLC
Chambersburg PA
CBHW031219270326
41931CB00006B/619